école - мактаб	2
voyage - саёҳат	5
transport - нақлиёт	8
ville - шаҳр	10
paysage - ландшафт	14
restaurant - тарабхона	17
supermarché - супермаркет	20
boissons - нӯшокиҳои	22
aliments - таъом	23
ferme - ферма	27
maison - хона	31
salle de séjour - мехмонхона	33
cuisine - ошхона	35
salle de bains - ҳамом	38
chambre d'enfant - хуҷраи кӯдакона	42
vêtements - либос	44
bureau - идора	49
économie - иқтисодиёт	51
professions - касбҳо	53
outils - асбобҳо	56
instruments de musique - асбобҳои мусиқӣ	57
zoo - боғи ҳайвонот	59
sports - варзиш	62
activités - фаъолият	63
famille - оила	67
corps - бадан	68
hôpital - бемористон	72
urgence - ҳолати фавқулодда	76
Terre - замин	77
heure - вақт	79
semaine - ҳафта	80
année - сол	81
formes - баст	83
couleurs - рангҳо	84
opposés - мухолифат	85
nombres - ададҳо	88
langues - забонҳо	90
qui / quoi / comment - ки / чиро / тавр	91
où - дар кучо	92

Impressum
Verlag: BABADADA GmbH, Nedderfeld 112 , 22529 Hamburg
Geschäftsführer / Verlagsleitung: Harald Hof
Druck: Books on Demand GmbH, In de Tarpen 42, 22848 Norderstedt

Imprint
Publisher: BABADADA GmbH, Nedderfeld 112 , 22529 Hamburg, Germany
Managing Director / Publishing direction: Harald Hof
Print: Books on Demand GmbH, In de Tarpen 42, 22848 Norderstedt

école
мактаб

- diviser — тақсим кардан
- salle de classe — синф
- tableau — тахтаи синф
- cour d'école — саҳни мактаб
- papier — коғаз
- enseignant — муаллим
- écrire — навиштан
- stylo — ручка
- bureau de travail — мизи хатнависӣ
- règle — чадвал
- livre — китоб
- écolier — талаба

sac d'écolier
чузвдон

trousse
қаламдон

crayon
қалам

taille-crayon
қаламтезкунак

gomme à effacer
хаткуркунак

bloc de papier à dessin
блокноти расмкашӣ

dessin
расм

pinceau
мӯқалами рассомӣ

boîte de peintures
қуттии рангҳо

ciseaux
қайчӣ

colle
ширеш

cahier d'exercices
дафтари машқ

devoirs
вазифаи хонагӣ

chiffre
рақам

additionner
ҷамъ кардан

soustraire
кам кардан

multiplier
зарб задан

calculer
ҳисоб кардан

lettre
ҳарф

alphabet
алфавит

mot
калима

texte	lire	craie
матн	хондан	бӯр

leçon	le cahier de notes	examen
дарс	журнали синфӣ	имтиҳон

certificat	uniforme scolaire	éducation
шаҳодатнома	либоси мактабӣ	таҳсил/маориф

encyclopédie	université	microscope
энсиклопедия	донишгоҳ	микроскоп (more frequently used)

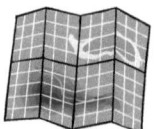 

carte	corbeille à papier
харита	сабади партофҳои коғазӣ

école - мактаб

voyage
саёҳат

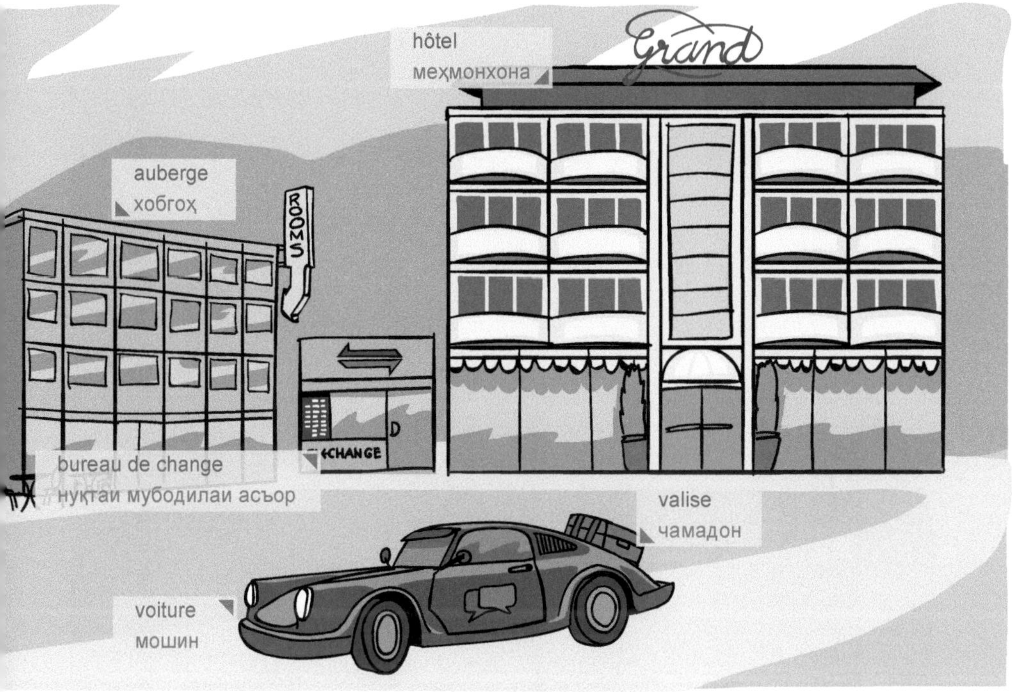

hôtel
меҳмонхона

auberge
хобгоҳ

bureau de change
нуқтаи мубодилаи асъор

valise
чамадон

voiture
мошин

langue
забон

oui / non
ҳа / не

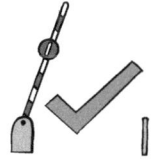

Okay
Хуб

Allo!
Ассалому алейкум

traducteur
тарҷумон

Merci
Раҳмат

voyage - саёҳат

Combien coûte...?
чӣ қадар аст ...?

Je ne comprends pas
Ман намефаҳмам

problème
проблема

Bonsoir !
шаб ба хайр!

Bonjour !
субҳ ба хайр

Bonne nuit !
шаби хуш

bye bye
хайр

direction
равона

bagages
бағоҷ

sac
ҷузвдон

sac à dos
борхалта

invité
меҳмон

pièce
хона

sac de couchage
хобхалта

tente
хайма

voyage - саёҳат

bureau d'information touristique

маълумоти сайёҳӣ

plage

соҳил

carte de crédit

корти кредитӣ

déjeuner

наҳорӣ

dîner

хӯроки пешин

souper

хӯроки шом

billet

чипта

ascenceur

лифт

timbre

марка

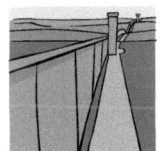

frontière

сарҳад

douane

Гумрук

ambassade

сафорат

visa

раводид

passeport

шиносном

voyage - саёҳат

transport
нақлиёт

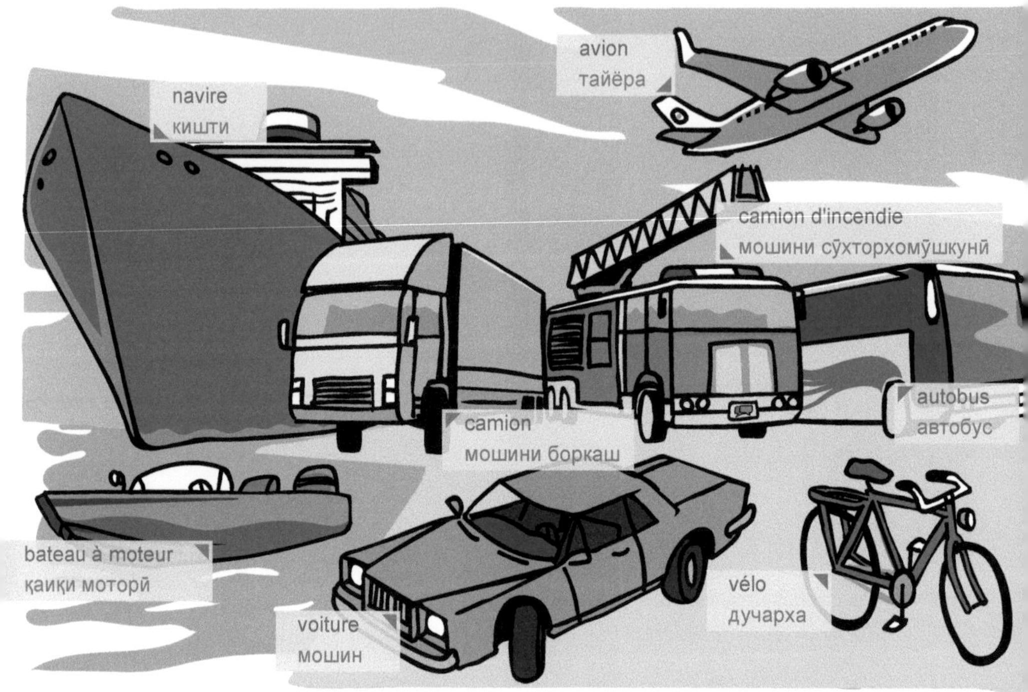

- avion — тайёра
- navire — киштӣ
- camion d'incendie — мошини сӯхторхомӯшкунӣ
- camion — мошини боркаш
- autobus — автобус
- bateau à moteur — қаиқи моторӣ
- voiture — мошин
- vélo — дучарха

traversier
паром

bateau
қаиқ

motocyclette
мотосикл

voiture de police
мошини полис

voiture de course
мошини тезрави пойгаи

voiture de location
кирояи мошинҳо

transport - нақлиёт

autopartage	dépanneuse	camion à ordures
амроҳ истифодабарии мошин	эвакуатор	павтовҷамъкунӣ

moteur	carburant	station-service
муҳаррик	сӯзишворӣ	нуқтаи фурӯши сӯзишворӣ

 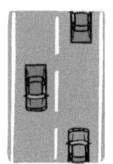 

anneau de signalisation	circulation	embouteillage
аломати роҳ	ҳаракат	бандшавии ҳаракати роҳ

parc de stationnement	gare	voies ferrées
ҷои исти мошинҳо	истгоҳи роҳи оҳан	роҳи оҳан

 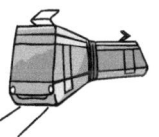 

train	tramway	wagon
қатора	тамвай	вагон

transport - нақлиёт

hélicoptère

чархбол

aéroport

фурудгоҳ

tour

манора

passager

мусофир

conteneur

контейнер

boîte en carton

щутии картонӣ

chariot

ароба

panier

сабад

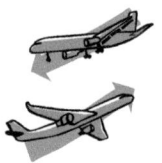

décoller / atterrir

гирифтан / замин

ville
шаҳр

village

деҳа

centre-ville

маркази шаҳр

maison

хона

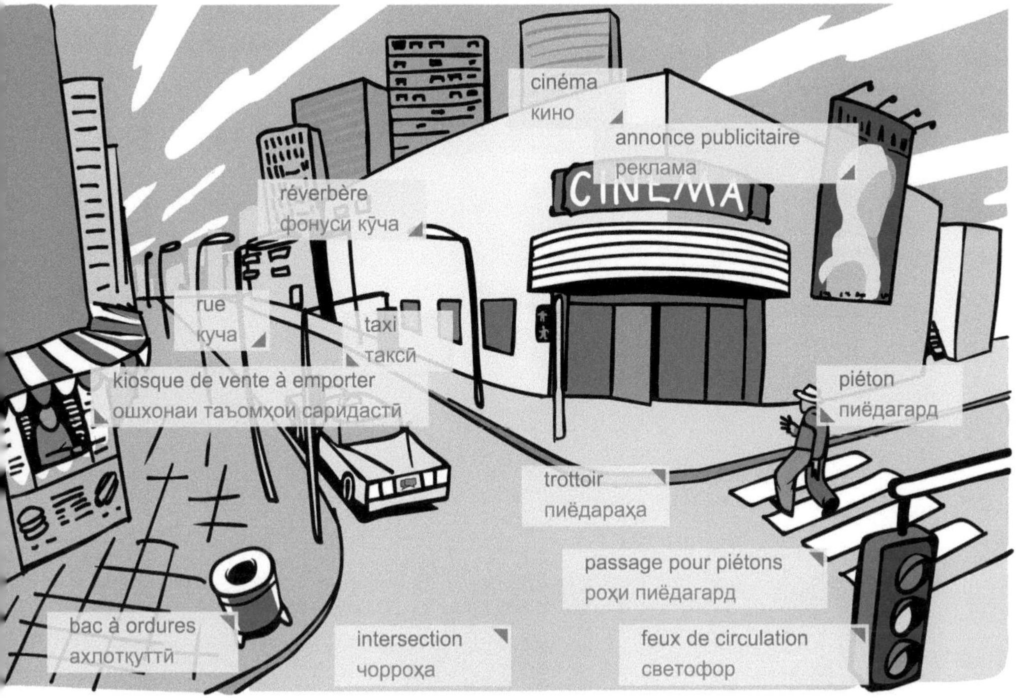

cinéma
кино

annonce publicitaire
реклама

réverbère
фонуси кӯча

rue
кӯча

taxi
такси

kiosque de vente à emporter
ошхонаи таъомхои саридастӣ

piéton
пиёдагард

trottoir
пиёдараҳа

passage pour piétons
роҳи пиёдагард

bac à ordures
ахлоткуттӣ

intersection
чорроҳа

feux de circulation
светофор

cabane
кулба

appartement
ҳамвор

gare
истгоҳи роҳи оҳан

hôtel de ville
бинои маъмурияти шаҳр

musée
осорхона

école
мактаб

ville - шаҳр

université

донишгоҳ

banque

бонк

hôpital

бемористон

hôtel

меҳмонхона

pharmacie

доухона

bureau

идора

librairie

сехи китоб

magasin

сехи

fleuriste

мағозаи гулфурӯшӣ

supermarché

супермаркет

marché

бозор

grand magasin

универмаг

poissonnerie

мағозаи моҳифурӯшӣ

centre commercial

маркази савдо

port

бандар

ville - шаҳр

parc
парк

banc
бонк

pont
пул

escaliers
зинапоя

métro
метро

tunnel
нақби

arrêt d'autobus
истгоҳи автобус

bar
бар

restaurant
тарабхона

boîte à lettres
қуттии почта

plaque de rue
аломати номи кӯчаҳо

parcomètre
ҳисобкунаки исти мошинҳо

zoo
боғи ҳайвонот

bains publics
ҳавзи шиноварӣ

mosquée
масҷид

ville - шаҳр

ferme
ферма

pollution
ифлоскунӣ

cimetière
қабристон

église
калисо

aire de jeux
майдончаи бозӣ

temple
маъбад

paysage
ландшафт

feuille
барг

panneau indicateur
аломати роҳнамо

chemin
роҳ

pré
алафзор

pierre
санг

arbre
дарахт

randonneur
сайёҳ

rivière
darë

herbe
алаф

fleur
гул

paysage - ландшафт

vallée
водӣ

colline
кӯҳ

lac
кул

forêt
беша

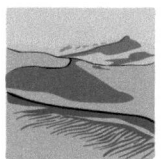

désert
биёбон

volcan
вулкан

château
қалъа

arc-en-ciel
рангинкамон

champignon
занбӯруғ

palmier
дарати нахл

moustique
хомӯшак

mouche
паридан

fourmi
мурча

abeille
занбур

araignée
тортанак

paysage - ландшафт 15

scarabée
гамбӯсак

grenouille
қурбоққа

écureuil
санҷоб

hérisson
хорпушт

lièvre
харгӯш

chouette
бум

oiseau
парранда

cygne
мурғи қу

sanglier
хуки ваҳшӣ

cerf
оху

orignal
гавазн

barrage
сарбанд

éolienne
турбина шамол

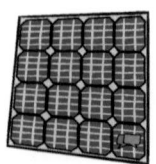

panneau solaire
панел офтобӣ

climat
иқлим

paysage - ландшафт

restaurant
тарабхона

serveur — пешхизмат
menu — меню
chaise — курсӣ
soupe — шӯрбо
pizza — Pizza
coutellerie — асбобу анҷоми хӯрокхӯрӣ
nappe — дастархон

hors-d'œuvre
стартер/корандоз

plat principal
хӯроки асосӣ

dessert
десерт

boissons
нӯшокиҳои

aliments
таъом

bouteille
шиша

restaurant - тарабхона

restauration rapide

Хӯроки Тез Таёр мешуда

cuisine de rue

хӯроки кӯчагӣ

théière

чойник

sucrier

шакардон

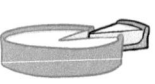

part

қисм/порча

machine à expresso

мошини espresso

chaise haute d'enfant

курсии кӯдакона

facture

ҳисоб

plateau

зарфмонак

couteau

корд

fourchette

чангол

cuillère

қошуқ

cuillère à thé

қошуқча

serviette

сачоқи қоғазӣ

verre

истакон

restaurant - тарабхона

assiette	assiette creuse	soucoupe
табақча	косача	тақсимча
	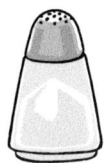	
sauce	salière	moulin à poivre
соус	намакдон	мурчдон

vinaigre	huile	épices
сирко	равғани растанӣ	приправа

ketchup	moutarde	mayonnaise
кетчуп	хардал	майонез

restaurant - тарабхона

supermarché
супермаркет

- offre spéciale / пешниходи махсус
- client / мизоҷ
- produits laitiers / шир
- chariot / аробача
- fruit / мева

boucherie
дукони гӯштфурӯшӣ

boulangerie
дукони нонфурӯшӣ

peser
баркашидан

légumes
сабзавот

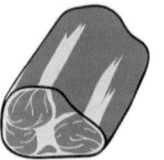

viande
гӯшт

aliments congelés
хӯроки яхбаста

supermarché - супермаркет

viandes froides
лимҳои борик буридаи гушт

conserves
озуқаворӣ консервонидашуда

détergent à lessive en poudre
хокаи либосшӯй

sucreries
ширинӣ

produits d'entretien ménager
асбоби рӯзгор

produits d'entretien
воситаҳои тозакунанда

vendeuse
фурӯшанда

caisse
касса

caissier
кассир

liste de provisions
рӯихати харидкунӣ

heures d'ouverture
соат ифтитоҳи

portefeuille
ҳамён

carte de crédit
корти кредитӣ

sac
ҷуздо

sac plastique
пакет

supermarché - супермаркет

boissons
нӯшокиҳои

eau
об

jus
шарбат

lait
шир

cola
кола

vin
шароб

bière
оби ҷав

alcool
машрубот

cacao
какао

thé
чой

café
қаҳва

expresso
эспрессо

cappuccino
каппучино

aliments
таъом

banane

банан

pomme

себ

orange

норанҷӣ

melon d'eau

харбуза

citron

лимӯ

carotte

сабзӣ

ail

сир

bambou

бамбук

oignon

пиёз

champignon

занбӯруғ

noix

чормағз

nouilles

угро

spaghettis	riz	salade
спагеттӣ	биринҷ	салат

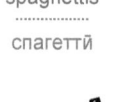  

frites	pommes de terre sautées	pizza
картошкаи қоқақ	картошкабирён	Pizza

hamburger	sandwich	escalope
гамбургер	бутербурод	шнитсел

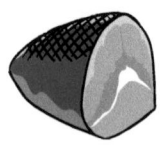  

jambon	salami	saucisse
гӯшти намакардаи хук	ҳасиби салямӣ	ҳасиб

poulet	rôti	poisson
мурғ	кабоб	моҳӣ

aliments - таъом

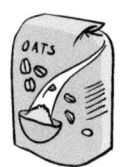  

gruau d'avoine	muesli	flocons de maïs
ярмаи ҷав	омехтаи ғалладонагӣ	ярмаи чуворимакка

farine	croissant	petit pain
орд	кулчақанд	кулчақанд

pain	rôtie	biscuits
нон	як порча нони бирён	кулчачаҳои қандин

beurre	caillé	gâteau
маска	творог	пирог

 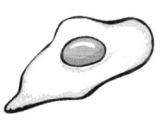 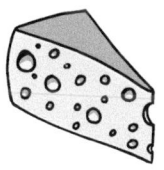

œuf	œuf miroir	fromage
тухм	тухм бирён	панир

aliments - таъом

crème glacée

яхмос

sucre

шакар

miel

асал

confiture

мураббо

crème de nougat

хамираи халво

cari

Curry

aliments - таъом

ferme
ферма

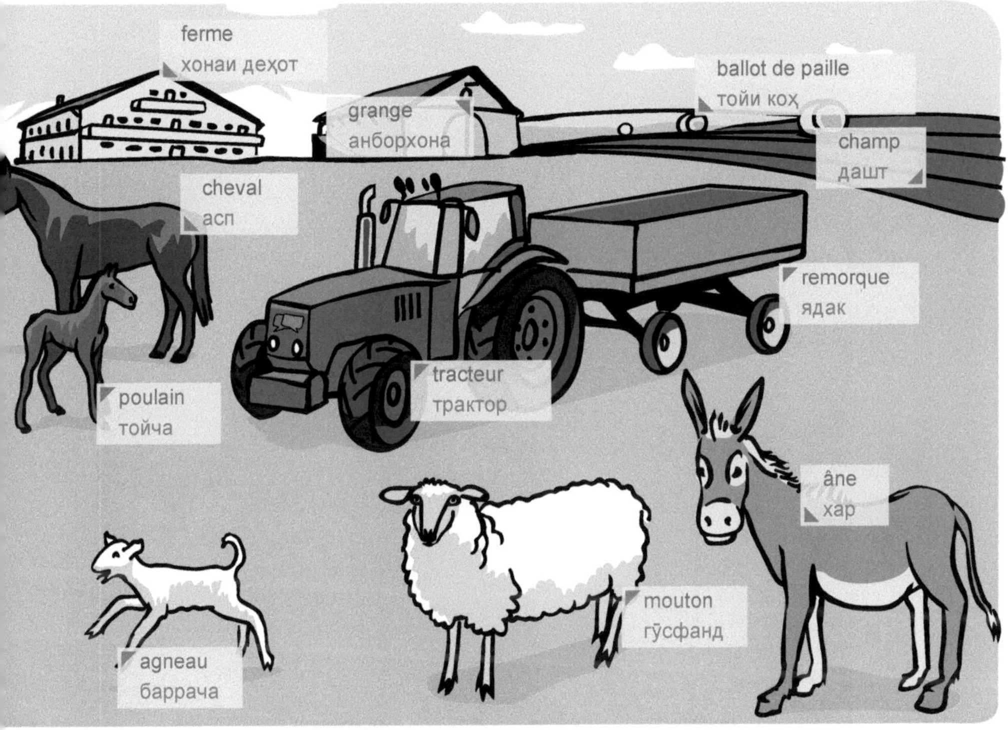

ferme
хонаи деҳот

grange
анборхона

ballot de paille
тойи коҳ

champ
дашт

cheval
асп

remorque
ядак

poulain
тойча

tracteur
трактор

âne
хар

agneau
баррача

mouton
гӯсфанд

chèvre
буз

vache
гов

veau
гӯсола

porc
хук

porcelet
хукча

taureau
буққа

oie — ғоз

canard — мурғобӣ

poussin — чӯча

poule — мурғ

coq — хурӯс

rat — каламуш

chat — гурба

souris — муш

bœuf — барзагов

chien — саг

niche — хоначаи саг

tuyau d'arrosage — рӯдаи резинӣ

arrosoir — камобӣ метавонад

FALSE — дос

charrue — сипори шудгоркунии замин

ferme - ферма

faucille
доси

binette
каланд

fourche à foin
панчшоха

hache
табар

brouette
ароба

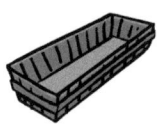

auge
охур

pot à lait
зарфи ширгирӣ

grand sac
халта

clôture
девор

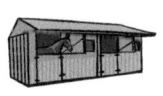

écurie
мўътадил

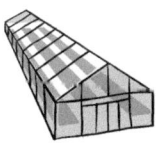

serre
гармхона

sol
хок

graines
тухмӣ

engrais
нурихо

moissonneuse-batteuse
комбайни ғаллағундорӣ

ferme - ферма

récolter
ҳосил

récolte
ҳосил

igname
yams

blé
гандум

soja
лубиж

pomme de terre
картошка

maïs
ҷуворӣ

graine de colza
донаи маъсар

arbre fruitier
дарахти мева

manioc
manioc

grains
ғалладона

maison
хона

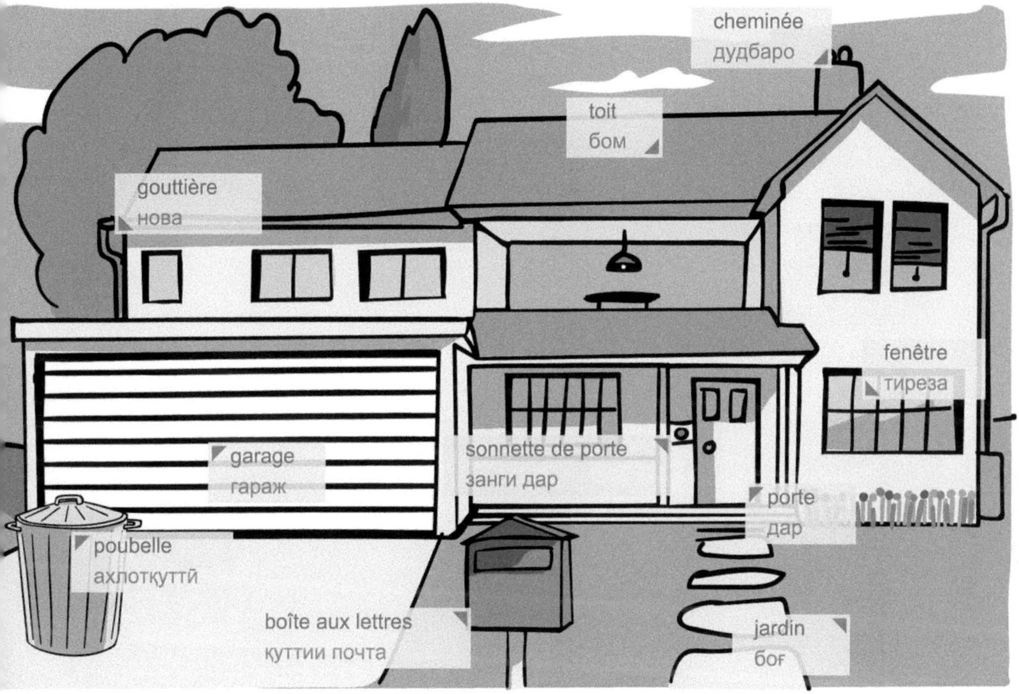

cheminée / дудбаро
toit / бом
gouttière / нова
fenêtre / тиреза
garage / гараж
sonnette de porte / занги дар
porte / дар
poubelle / ахлоткуттӣ
boîte aux lettres / қуттии почта
jardin / боғ

salle de séjour

мехмонхона

salle de bains

ҳамом

cuisine

ошхона

chambre à coucher

хонаи хоб

chambre d'enfant

ҳучраи кӯдакона

salle à manger

ошхона

maison - хона

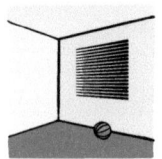

plancher

ошёна

mur

девор

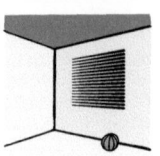

plafond

шифт

cellier

тагзаминӣ

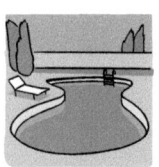

sauna

сауна

balcon

балкон

terrasse

суфача

piscine

ҳавз

tondeuse à gazon

мошини алафдарав

drap

варақ

jeté de lit

кампал

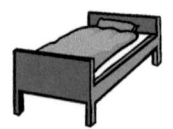

lit

кат

balai

ҷорӯб

seau

сатил

interrupteur

калид

salle de séjour
мехмонхона

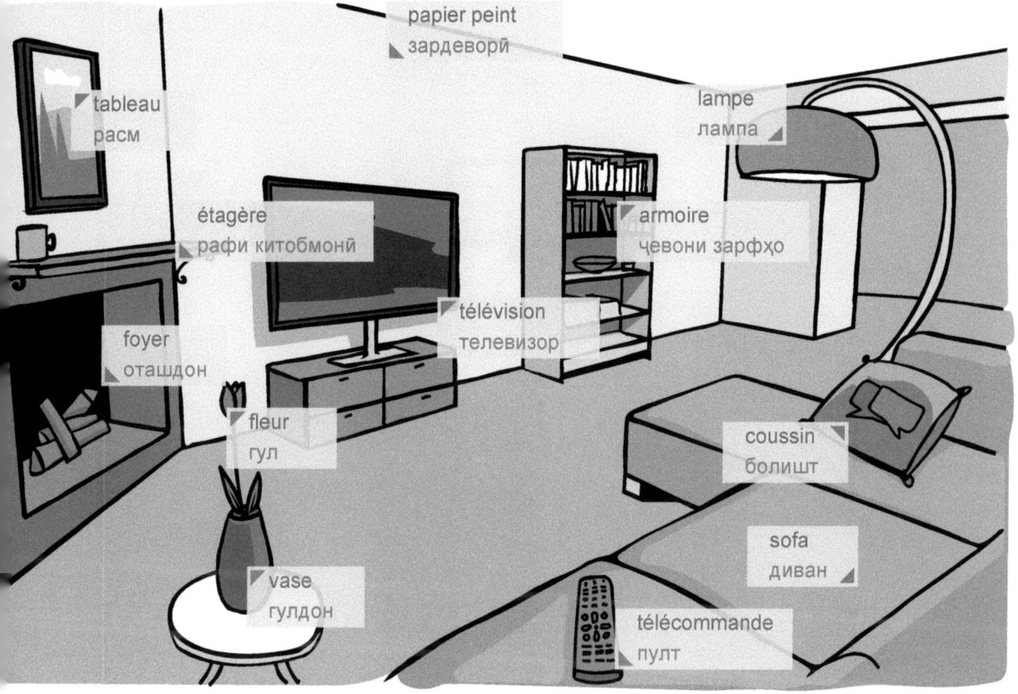

- papier peint / зардеворӣ
- tableau / расм
- lampe / лампа
- étagère / рафи китобмонӣ
- armoire / чевони зарфҳо
- foyer / оташдон
- télévision / телевизор
- fleur / гул
- coussin / болишт
- vase / гулдон
- sofa / диван
- télécommande / пулт

tapis
қолин

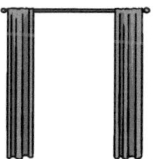

rideau
парда

table
мизи

chaise
курсӣ

berceuse
rocking кафедраи

fauteuil
курсӣ

livre
китоб

couverte
курпа

décoration
ороиш

bois de chauffage
ҳезум

film
филм

chaîne hi-fi
дастгоҳи hi-fi

clé
калид

journal
рӯзнома

peinture
расм

affiche
эълон

radio
радио

bloc-notes
китобчаи қайдҳо

aspirateur
чангкашак

cactus
кактус

chandelle
шам

salle de séjour - меҳмонхона

cuisine
ошхона

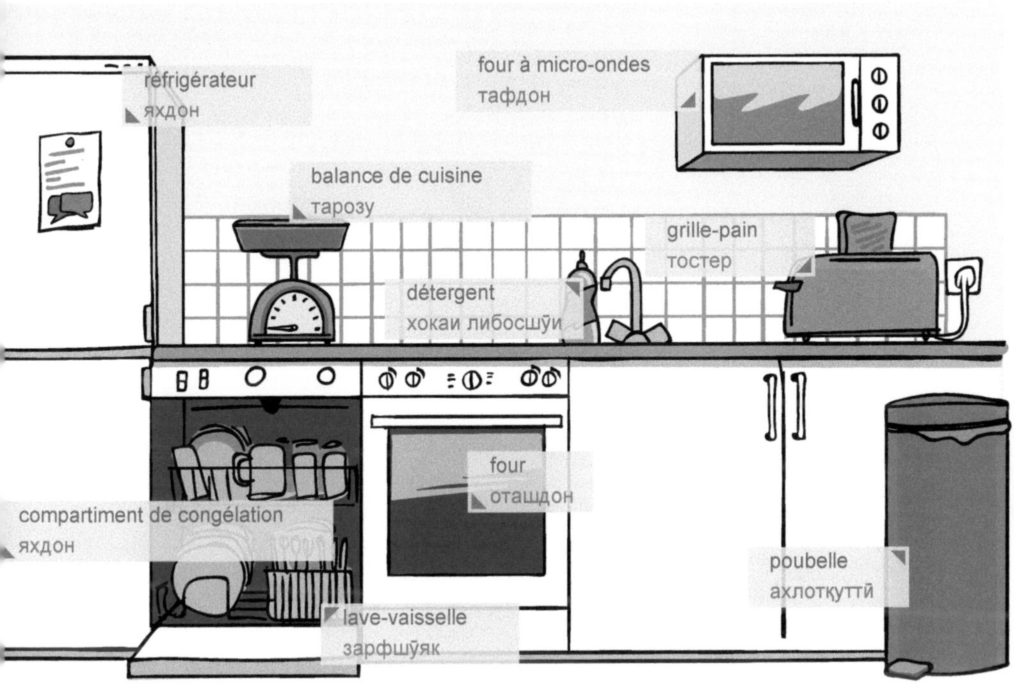

- réfrigérateur — яхдон
- four à micro-ondes — тафдон
- balance de cuisine — тарозу
- grille-pain — тостер
- détergent — хокаи либосшӯи
- compartiment de congélation — яхдон
- four — оташдон
- poubelle — ахлоткуттӣ
- lave-vaisselle — зарфшӯяк

cuisinière
плита

marmite
тубак

cocotte en fonte
дег

wok / kadai
дег / кадй

poêle
тоба

bouilloire
чойник

cuiseur à vapeur
steamer

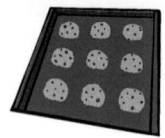

plaque à pâtisserie
лист

vaisselle
зарф

grande tasse
кружка

bol
коса

baguettes
чубаки хурокхӯрӣ

louche
кафлези

spatule
кафлези ҳамвор

fouet
whisk

passoire
strainer

tamis
элак

râpe
турбтарошак

mortier
миномет

barbecue
Кабоб Кардан

foyer
оташ кушод

planche à découper

тахтаи резакунӣ

rouleau à pâtisserie

чӯба

tire-bouchon

пӯккашак

boîte à conserves

банка

ouvre-boîte

консервокушояк

mitaine de four

дастак

évier

дастшӯяк

brosse

чӯтка

éponge

исфанҷ

mélangeur

блендер

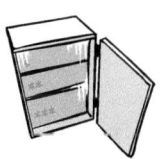

congélateur

сармодон

biberon

шишача

robinet

чумак

cuisine - ошхона

salle de bains
ҳамом

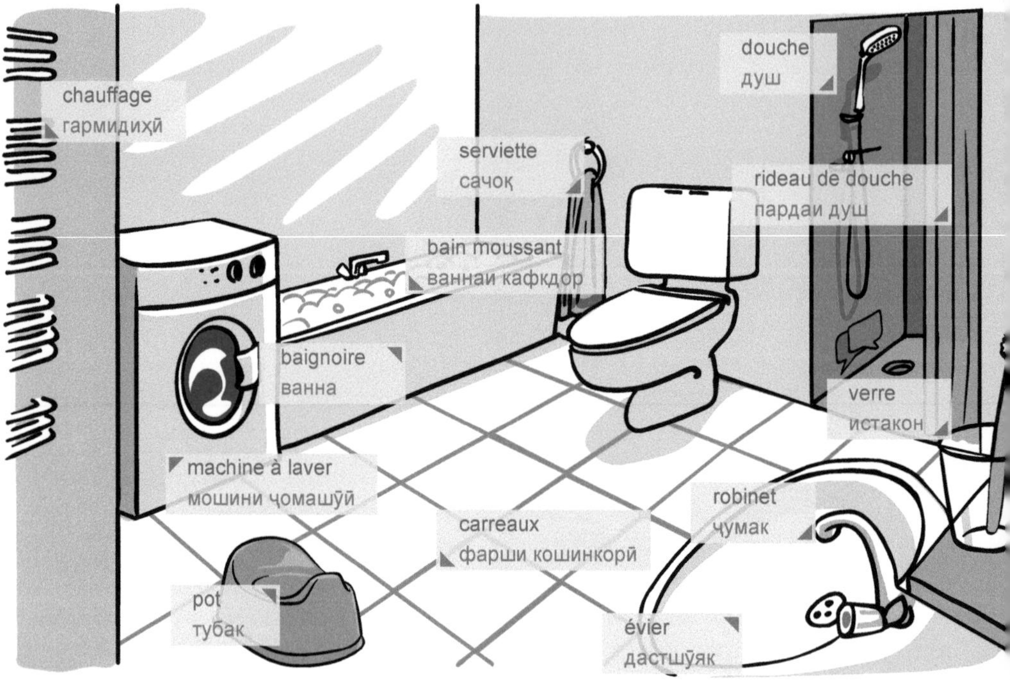

chauffage
гармидиҳӣ

douche
душ

serviette
сачоқ

rideau de douche
пардаи душ

bain moussant
ваннаи кафкдор

baignoire
ванна

verre
истакон

machine à laver
мошини ҷомашӯй

robinet
ҷумак

carreaux
фарши кошинкорӣ

pot
тубак

évier
дастшӯяк

toilette
ҳоҷатхона

toilette turque
нишастгоҳи халоҷои рӯйфаршӣ

bidet
биде

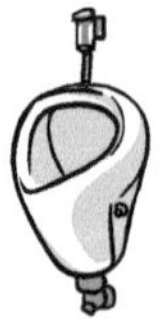

urinoir
ҳоҷатхонаи мардона

papier hygiénique
коғази ташноб

brosse à toilette
чӯткаи ҳоҷатхона

38   salle de bains - ҳамом

brosse à dents
дандоншӯяк

dentifrice
хамираи дандоншӯи

soie dentaire
риштаи дандонтозакунӣ

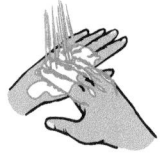
laver
шӯстан

douchette
души дастӣ

douche vaginale
обшӯй

cuvette
ҳавза

brosse pour le dos
шона кардани мӯй

savon
собун

gel douche
гел барои душ

shampoing
шампун

débarbouillette
бумазӣ

drain
заҳкаш

crème
крем

déodorant
дезодорант

salle de bains - ҳамом

miroir

оина

miroir à main

оинаи дастӣ

rasoir

риштарошаки барқи

mousse à raser

кафк барои риштарошӣ

après-rasage

оби мушкини баъди риштарошӣ

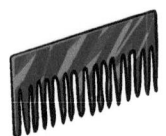

peigne

шона

brosse

чӯтка

sèche-cheveux

мӯйхушкунак

laque

лак барои мӯй

maquillage

косметика

rouge à lèvres

лабсурхкунак

vernis à ongles

лок барои нохун

ouate

пахта

ciseaux à ongles

қайчии нохунгирӣ

parfum

атриёт

salle de bains - ҳамом

trousse de toilette	tabouret	pèse-personne
ҷузвдони косметикӣ	қазои ҳоҷат	тарозу

  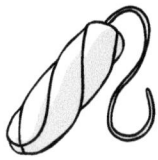

peignoir	gants de caoutchouc	tampon
хилъат	дастпӯшак резина	тампон

 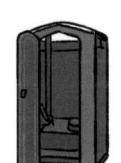

serviette hygiénique	toilette chimique
дастмоли санитарӣ	био-ҳоҷатхона

salle de bains - ҳамом

chambre d'enfant
ҳуҷраи кӯдакона

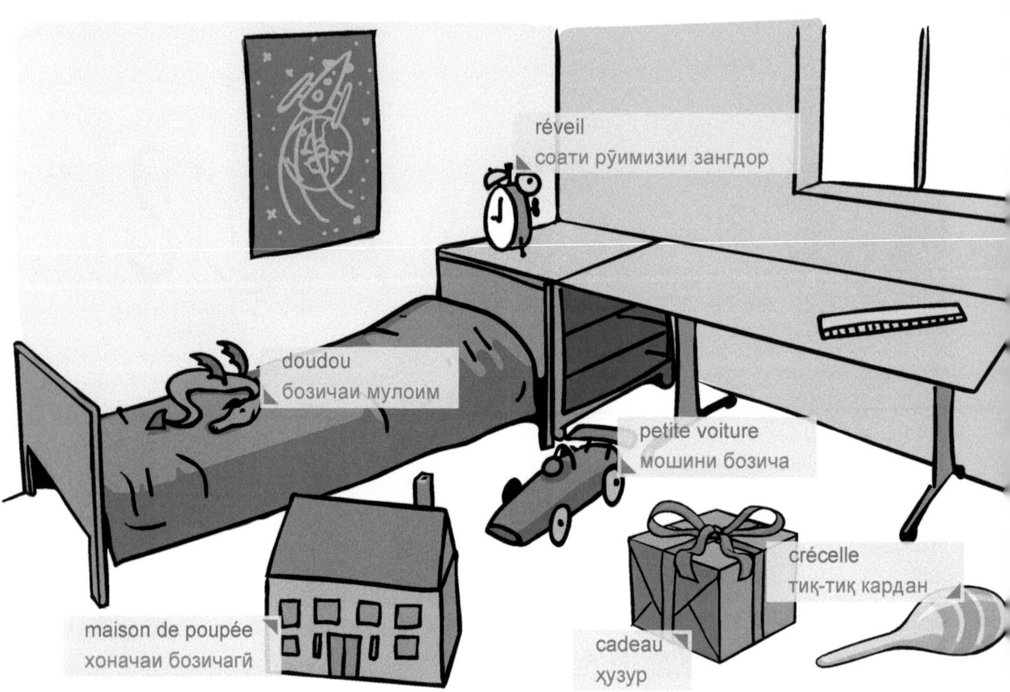

réveil
соати рӯимизии зангдор
doudou
бозичаи мулоим
petite voiture
мошини бозича
crécelle
тиқ-тиқ кардан
maison de poupée
хоначаи бозичагӣ
cadeau
ҳузур

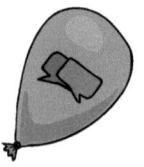

ballon
пуфак

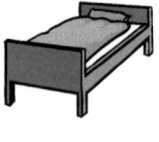

lit
кат

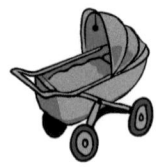

landau
аробочаи кудакона

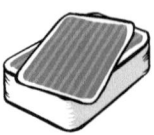

jeu de cartes
маҷмӯи кортҳо

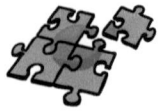

casse-tête
бозии муамоёбӣ

SUPER
MEGA

bande dessinée
комикс

blocs LEGO

хиштҳои лего

jeu de briques

мағозаи бозичафурӯхтан

figurine articulée

рақам амал

dormeuse

либоси ғаваккашӣ

disque volant

фрисби

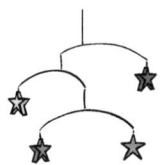

mobile

мобилӣ

jeu de société

лавҳачаи бозӣ

dé

кубик

ensemble de modèles de train

маҷмӯи модели қатора

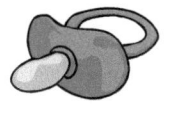

mannequin

пистонак

fête

ҳизб

livre d'images

китоби расм

balle

тӯб

poupée

лӯхтак

jouer

бози кардан

chambre d'enfant - ҳуҷраи кӯдакона

bac à sable

қуттии рег

balançoire

арғунчак

jouets

бозича

console de jeu vidéo

консоли бозиҳои видеой

tricycle

велосипеди сечарха

ours en peluche

хирсаки бахмалии патдор

garde-robe

чевон

vêtements
либос

chaussettes

ҷуроб

bas

ҷуроби соқбаланд

collant

колготки

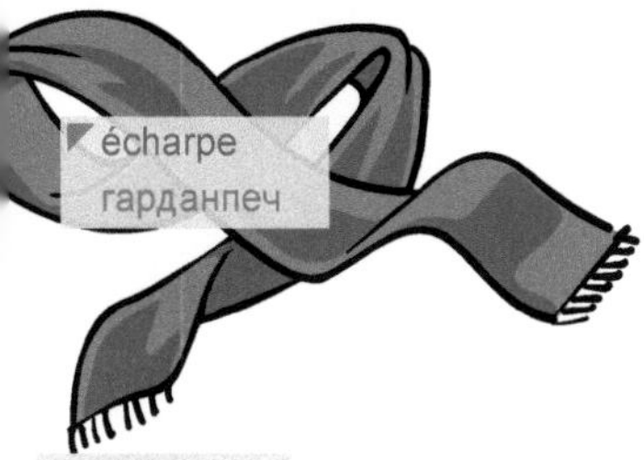

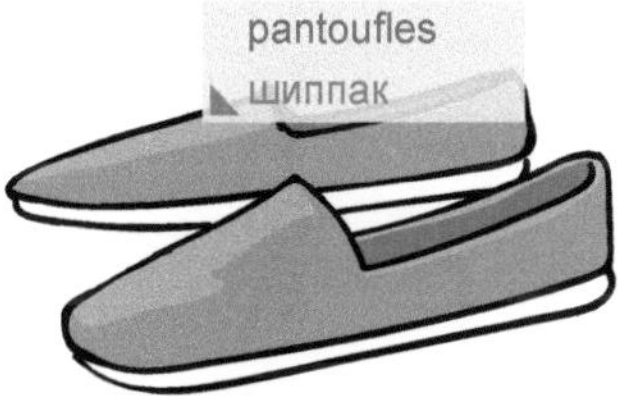

écharpe
гарданпеч

parapluie
чатр

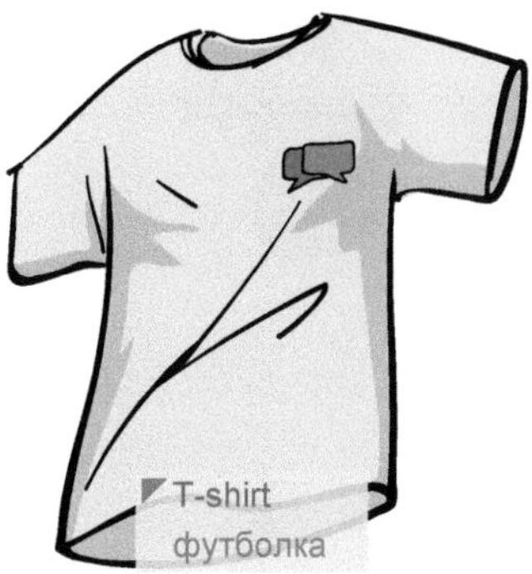

T-shirt
футболка

ceinture
тасма

bottes
пойафзол

pantoufles
шиппак

chaussures de sport
кроссовки

sandales
босоножкй

souliers
пойафзол

bottes de caoutchouc
музаи резинй

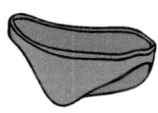

sous-vêtements
турсй

soutien-gorge
синабанд

gilet
майка

vêtements - либос

body
бадан

pantalon
шим

jean
чинс

jupe
юбка

chemisier
куртаи нимтаи занона

chemise
курта

chandail
свитер

chandail à capuche
свитер

blazer
пиҷак

veste
нимтана

manteau
палто

manteau de pluie
плаш

complet
костюм

robe
куртаи занона

robe de mariée
либос тӯйи

vêtements - либос

tailleur
костюм

chemise de nuit
куртаи хоб

pyjama
пижама

sari
Сари

foulard
рӯймол

turban
салла

burqa
ниқобу

cafetan
кафтан

abaya
абая

maillot de bain
либоси обозӣ

maillot short
эзорчаи шиноварии мардона

culotte courte
шорти

survêtement
либоси варзишӣ

tablier
пешбанд

mitaines
дастпӯшак

vêtements - либос

bouton

тугма

lunettes

айнак

bracelet

дастпона

collier

гарданбанд

bague

ангуштарин

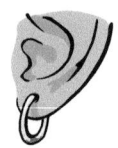

boucle d'oreille

гӯшвора

tuque

кулоҳ

cintre

либосовезак

chapeau

кулоҳ

cravate

галстук

fermeture à glissière

занҷирак

casque

тоскулоҳ

bretelles

шимбардор

uniforme scolaire

либоси мактабӣ

uniforme

либоси

vêtements - либос

bavoir
пешгир

mannequin
пистонак

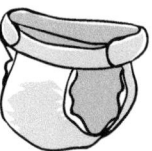
couche
подгузник

bureau
идора

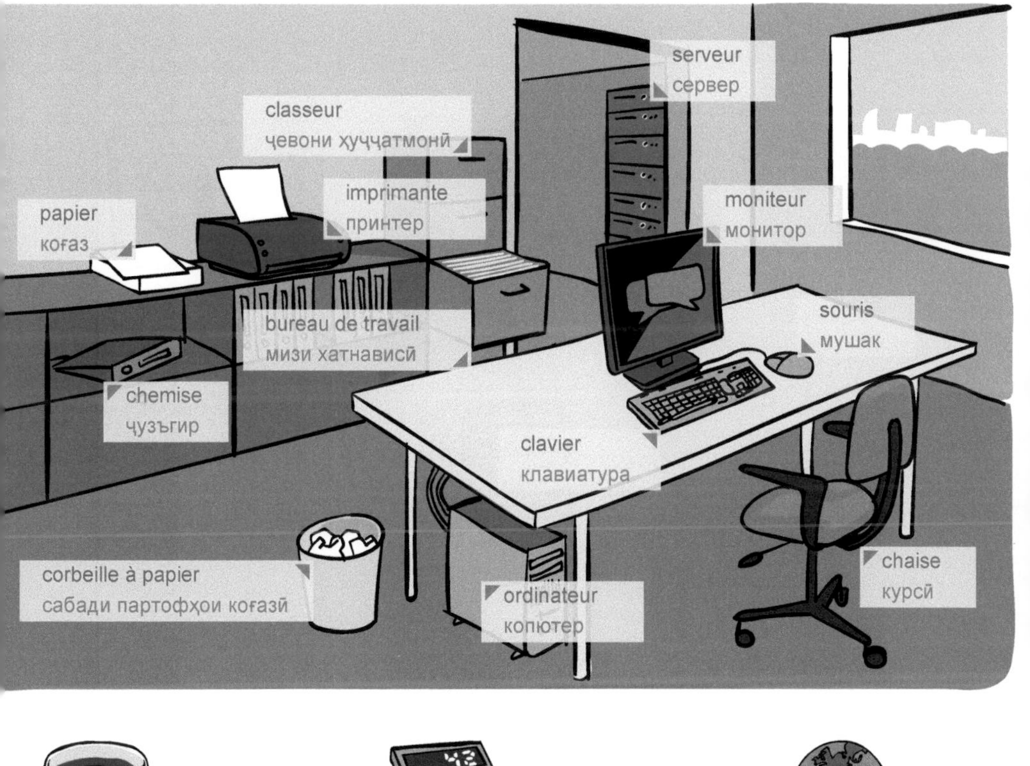

- serveur — сервер
- classeur — ҷевони ҳуҷҷатмонӣ
- imprimante — принтер
- papier — коғаз
- moniteur — монитор
- bureau de travail — мизи хатнависӣ
- souris — мушак
- chemise — ҷузъгир
- clavier — клавиатура
- corbeille à papier — сабади партофҳои коғазӣ
- ordinateur — копютер
- chaise — курсӣ

grande tasse à café
кружкаи қаҳванӯшӣ

calculatrice
калкулятор

Internet
интернет

ordinateur portable

ноутбук

lettre

мактуб

message

хабар

téléphone cellulaire

телефони мобилӣ

réseau

шабака

photocopieur

нусхабардор

logiciel

нармафзор

téléphone

телефон

prise de courant

розетка

télécopieur

факс

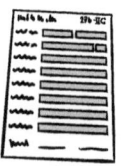

formulaire

шакл

document

ҳуҷҷат

économie
иқтисодиёт

acheter
харидан

payer
пардохт

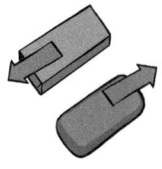
commercer
савдо

argent
пул

dollar
доллар

euro
евро

yen
йен

rouble
рубл

franc suisse
франки швейцариягӣ

renminbi yuan
юан

roupie
рупӣ

distributeur de billets
нуқтаи нақд

bureau de change
нуқтаи мубодилаи асъор

or
тилло

argent
нуқра

pétrole
равғани растанӣ

énergie
энерги

prix
нарх

contrat
шартнома

taxe
андоз

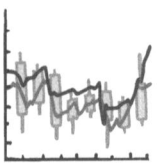
actions
саҳмия

travailler
кор

employé
хизматчӣ

employeur
соҳибкор

usine
завод

magasin
сехи

économie - иқтисодиёт

professions
касбҳо

agent de police
корманди полис

pompier
сӯхторхомушкун

cuisinier
ошпаз

docteur
духтур

pilote
халабон

jardinier
боғбон

charpentier
чӯбтарош

couturier
дӯзанда

juge
судя

pharmacien
кимиёшинос

acteur
актер

professions - касбҳо 53

chauffeur d'autobus
ронандаи автобус

chauffeur de taxi
таксист

pêcheur
моҳигир

femme de ménage
фаррошзан

couvreur
устои бомпӯш

serveur
пешхизмат

chasseur
шикорчӣ

peintre
расом

boulanger
нонвой

électricien
барқ

constructeur de bâtiments
сохтмончӣ

ingénieur
инженер

boucher
қассоб

plombier
устои шабакаи об

facteur
хаткашон

professions - касбҳо

soldat
сарбоз

architecte
меъмор

caissier
кассир

fleuriste
гулфурӯш

coiffeur
сартарош

chef de train
кондуктор

mécanicien
механик

capitaine
капатан

dentiste
духтури дандон

scientifique
олим

rabbin
хохом

imam
имом

moine
шайх

ecclésiastique
саркоҳин

outils
асбобҳо

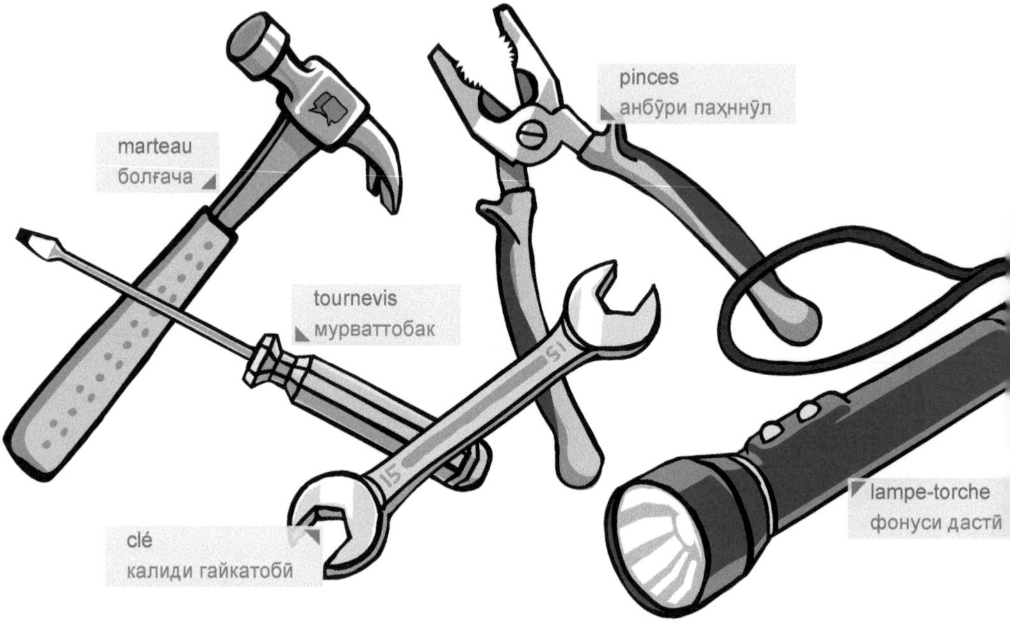

marteau
болғача

pinces
анбӯри паҳннӯл

tournevis
мурваттобак

clé
калиди гайкатобӣ

lampe-torche
фонуси дастӣ

excavatrice

экскаватор

boîte à outils

қутии асбобҳо

échelle

зинапоя

scie

арра

clous

мехҳо

perceuse

пармаи электрикӣ

réparer
таъмир

pelle
бел

tabarnouche
Сабил монад!

pelle à poussière
белчаи хокрӯбагирӣ

pot de peinture
сатили ранг

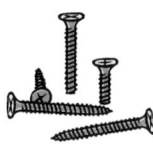
vis
мехи печдор

instruments de musique
асбобҳои мусиқӣ

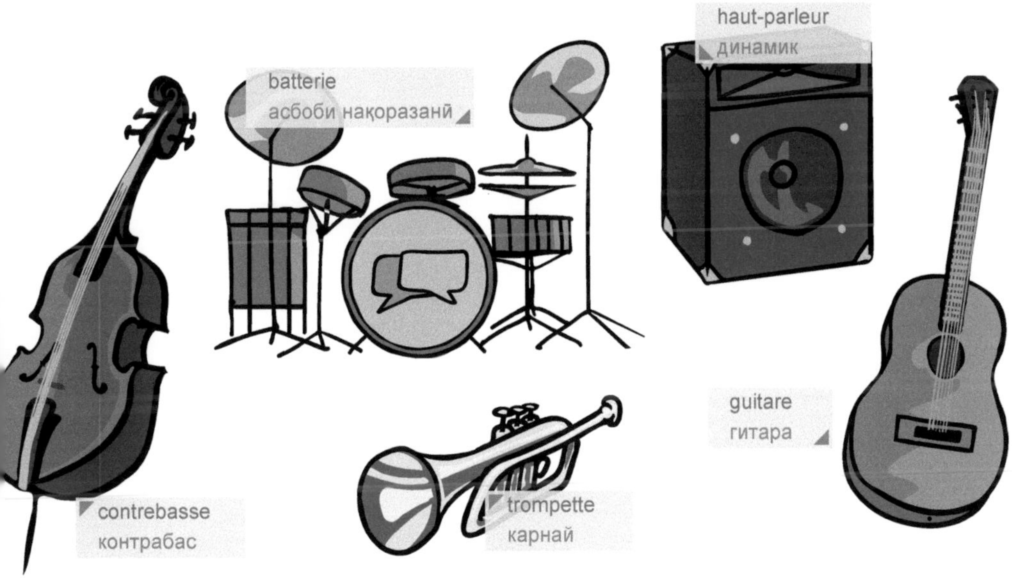

- batterie / асбоби нақоразанӣ
- haut-parleur / динамик
- contrebasse / контрабас
- trompette / карнай
- guitare / гитара

piano

пианино

violon

ғиччак

basse

бас-гитара

timbales

нақораи поядор

tambour

нақора

synthétiseur

клавиатура

saxophone

саксофон

flûte

най

microphone

баландгӯяд

ZOO
боғи ҳайвонот

- tigre / паланг
- cage / қафас
- zèbre / гӯрхар
- nourriture pour animaux / хӯроки чорво
- entrée / даромад
- panda / панда

animaux
ҳайвонот

éléphant
фил

kangourou
кенгуру

rhinocéros
каркадан

gorille
горилла

ours
хирси бӯр

chameau
шутур

autruche
шутурмурғ

lion
шер

singe
маймун

flamand rose
бутимор

perroquet
тӯти

ours polaire
хирси сафед

pingouin
пингвин

requin
наҳанг

paon
товус

serpent
мор

crocodile
тимсоҳ

gardien de zoo
посбон

phoque
сил

jaguar
ягуар

zoo - боғи ҳайвонот

poney

аспи кӯтоҳқад

léopard

леопард

hippopotame

баҳмут

girafe

заррофа

aigle

уқоб

sanglier

хуки ваҳшӣ

poisson

моҳӣ

tortue

сангпушт

morse

морж

renard

рӯбоҳ

gazelle

ғизол/оҳу

zoo - боғи ҳайвонот

sports
варзиш

football américain / футболи амрикои
cyclisme / велосипедронӣ
tennis / теннис
basketball / баскетбол
natation / шиноварӣ
boxe / бокс
hockey sur glace / хоккей

soccer / футбол

badminton / бадмингтон

athlétisme / атлетика

handball / гандбол

ski / лижаронӣ

polo / тӯббозӣ бо асп

activités
фаъолият

sauter — паридан
serrer dans les bras — оғӯш гирифтан
rire — ханда
chanter — шеър хондан
marcher — пиёда рафтан
prier — ибодат кардан
embrasser — бӯса кардан
rêver — орзӯ кардан

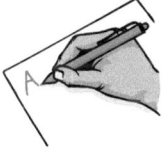

écrire
навиштан

dessiner
кашидан

montrer
нишон додан

pousser
тела додан

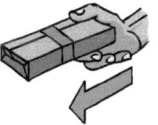

donner
додан

prendre
гирифтан

avoir
доранд

faire
кор

être
бошад

être debout
истодан

courir
давидан

tirer
кашидан

jeter
партофтан

tomber
афтидан

s'allonger
дароз кашидан

attendre
интизор шудан

porter
бардошта бурдан

s'asseoir
нишастан

s'habiller
либос пӯшидан

dormir
хобин

se réveiller
бедор шудан

regarder
нигоҳ кардан

pleurer
гиря кардан

caresser
сила кардан

peigner
шона

parler
гап задан

comprendre
фаҳмидан

demander
пурсидан

écouter
гӯш кардан

boire
нӯштдан

manger
хӯрдан

ranger
ғундоштан

aimer
ишқ

cuisiner
ошпаз

conduire
рондан

voler
парвоз кардан

activités - фаъолият

faire de la voile

бо бодбон ҳаракат кардан

calculer

ҳисоб кардан

lire

хондан

apprendre

омӯхтан

travailler

кор

se marier

оиладор шудан

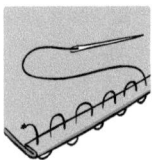

coudre

дӯхтан

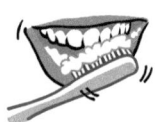

brosser les dents

дадон шӯстан

tuer

куштан

fumer

дуд

envoyer

фиристодан

famille
оила

grand-mère
биби

grand-père
бобо

père
падар

mère
модар

bébé
кӯдак

fille
хоҳар

fils
писар

invité
меҳмон

tante
хола

oncle
амак

frère
бародар

sœur
хоҳар

corps
бадан

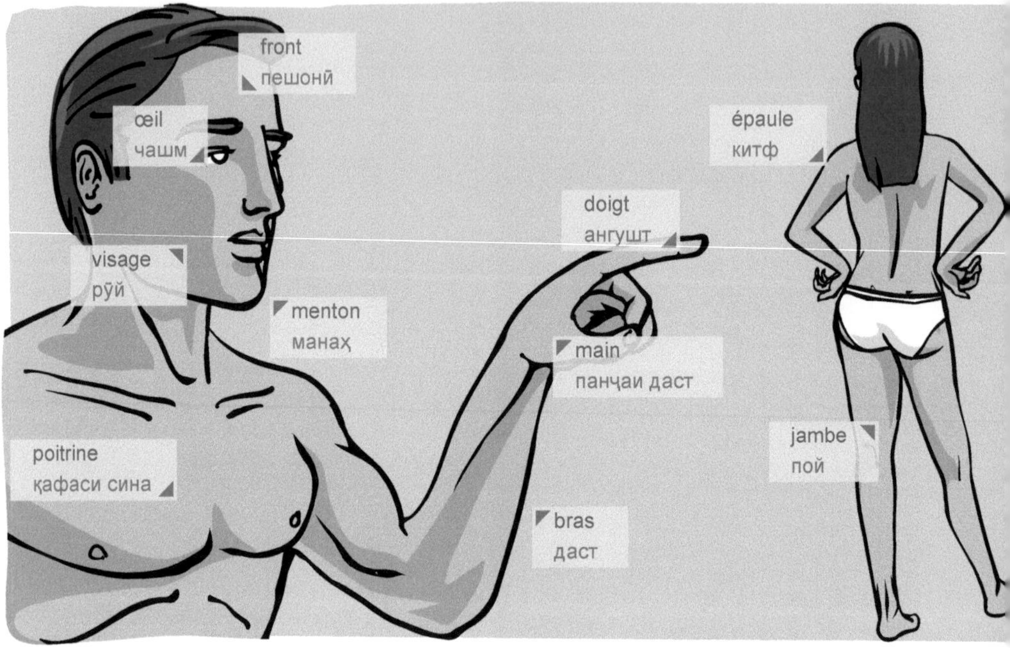

front
пешонӣ

œil
чашм

épaule
китф

doigt
ангушт

visage
рӯй

menton
манаҳ

main
панҷаи даст

poitrine
қафаси сина

jambe
пой

bras
даст

bébé
кӯдак

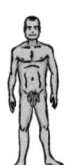

homme
мард

femme
зан

fille
духтар

garçon
писар

tête
сар

dos
пушт

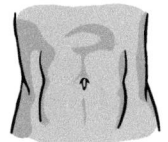

ventre
шикам

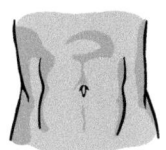

nombril
ноф

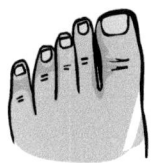

orteil
ангушти пой

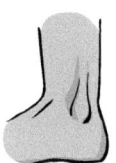

talon
пошнаи пой

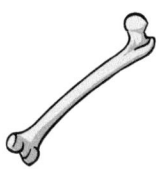

os
устухон

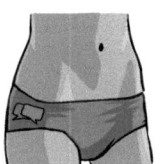

hanche
рон

genou
зону

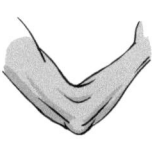

coude
оринҷ

nez
бинӣ

derrière
таг

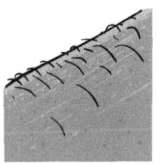

peau
пӯст

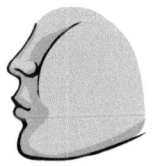

joue
рухсора

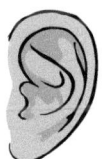

oreille
гӯш

lèvre
лаб

corps - бадан

bouche
даҳон

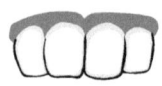

dent
дадон

langue
забон

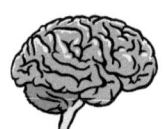

cerveau
майнаи сар

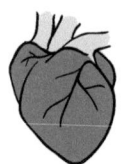

cœur
дил

muscle
мушак

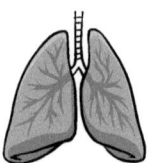

poumon
шуш

foie
ҷигар

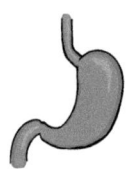

estomac
меъда

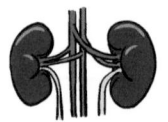

reins
гурдаҳо

rapport sexuel
алоқаи ҷинсӣ

condom
рифола

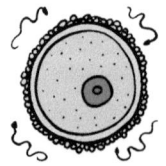

ovule
тухмҳуҷайра

sperme
нутфа

grossesse
ҳомиладорӣ

corps - бадан

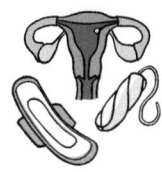

menstruation

ҳайз

vagin

маҳбал

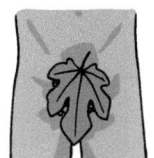

pénis

кер

sourcil

абрӯ

cheveux

мӯй

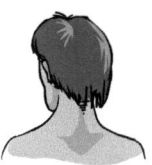

cou

гардан

hôpital
бемористон

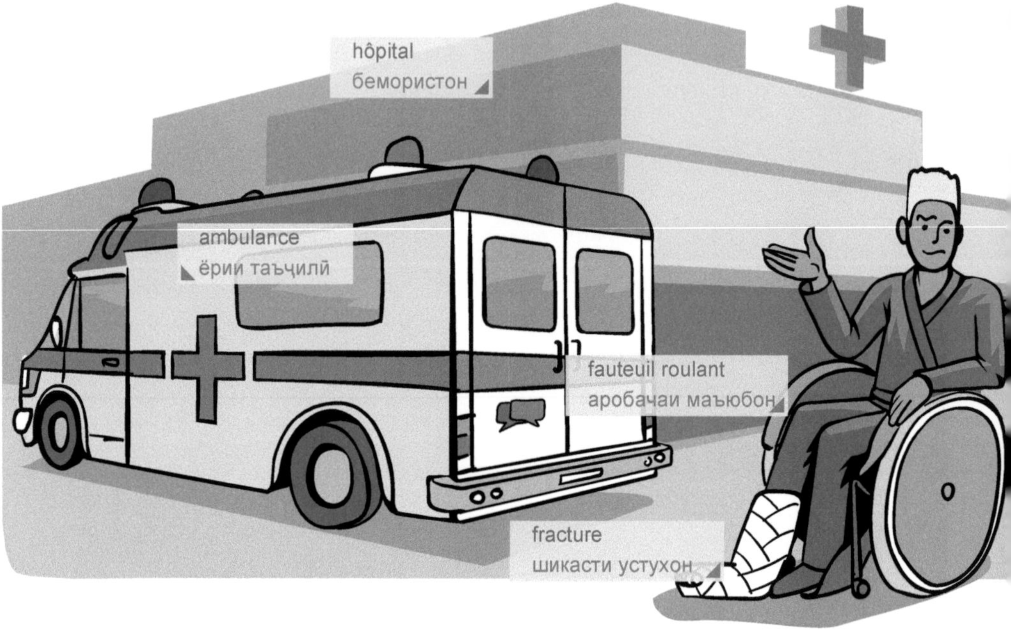

hôpital
бемористон

ambulance
ёрии таъҷилӣ

fauteuil roulant
аробачаи маъюбон

fracture
шикасти устухон

docteur

духтур

salle des urgences

ҳуҷраи ёрии фаврӣ

infirmier

ҳамшираи тиббӣ

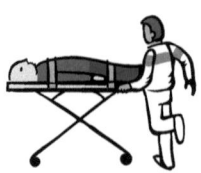

urgence

ҳолати фавкулодда

inconscient

беҳуш

douleur

дард

blessure
ҷароҳат

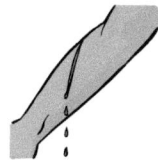
saignement
хунравӣ

crise cardiaque
дилзанак

AVC
сактаи майна

allergie
аллергия

toux
сулфа

fièvre
табларза

grippe
грипп

diarrhée
шикамравӣ

mal de tête
сардард

cancer
саратон

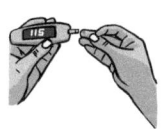
diabète
диабет

chirurgien
ҷарроҳ

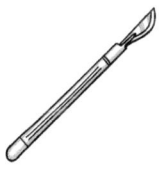
scalpel
скалпел

opération
ҷарроҳӣ

hôpital - бемористон

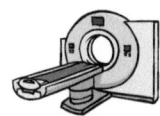
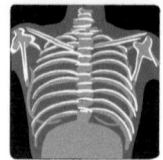
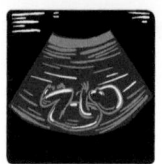

tomodensitométrie — Томографияи компютерӣ

radiographie — шӯъои ренгенӣ

ultrason — ултрасадо

masque — ниқоби рӯй

maladie — беморӣ

salle d'attente — ҳуҷраи интизорӣ

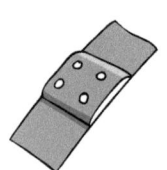

béquille — асобағал

sparadrap — марҳам

bandage — дока

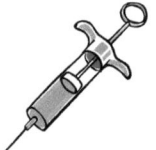
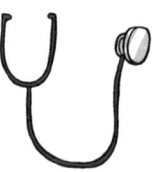
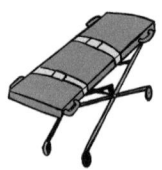

injection — сӯзандору

stéthoscope — стетоскоп

brancard — занбар

thermomètre médical — ҳароратсанҷ

accouchement — таваллуд

excès de poids — вазни зиёдатӣ

hôpital - бемористон

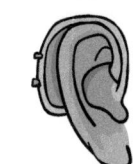
appareil auditif
тачҳизоти шунавой

désinfectant
моддаи безараргардонӣ

infection
инфексия

virus
вирус

VIH / Sida
ВИЧ / СПИД

médicament
дору

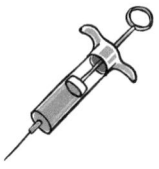
vaccination
ваксинатсия

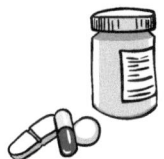
comprimés
ҳабҳо

pilule
ҳаб

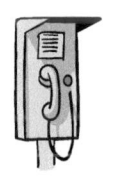
appel d'urgence
занги изтирорӣ

tensiomètre
монитори фишори хун

malade / en bonne santé
бемор/солим

urgence
ҳолати фавқулодда

alarme
ҳушдор

assaut
ҳуҷум

Au secours !
Кумак!

attaque
ҳамла

danger
хатар

sortie de secours
баромадгоҳи таҳлиявй

extincteur
оташнишон

accident
садама

Au feu !
Сӯхтор!

trousse de premiers soins
дорукуттй

SOS
бонги хатар

police
полис

Terre
замин

Europe — Аврупо

Amérique du Nord — Америкаи Шимолӣ

Amérique du Sud — Америкаи Ҷанубӣ

Afrique — Африка

Asie — Осиё

Australie — Австралия

océan Atlantique — Уқёнуси Атлантик

océan Pacifique — Уқёнуси Ором

océan Indien — Уқёнуси Ҳинд

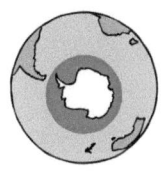  

océan Antarctique — Уқёнуси Антарктика

océan Arctique — Уқёнуси Арктика

Pôle Nord — Қутби шимол

Pôle Sud
Қутби ҷануб

Antarctique
Антарктика

Terre
замин

terre
замин

mer
баҳр

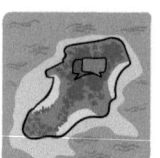
île
ҷазира

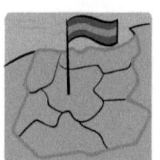
nation
миллат

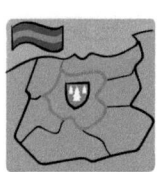
État
давлат

heure
вақт

cadran

сиферблат

aiguille des heures

ақрабаки соат

aiguille des minutes

ақрабаки дақиқашумор

aiguille des secondes

ақрабаки сонияшумор

Quelle heure est-il ?

Соат чанд?

jour

рӯз

temps

замон

maintenant

ҳозир

montre à affichage numérique

соати электронӣ

minute

лаҳза

heure

соат

semaine
ҳафта

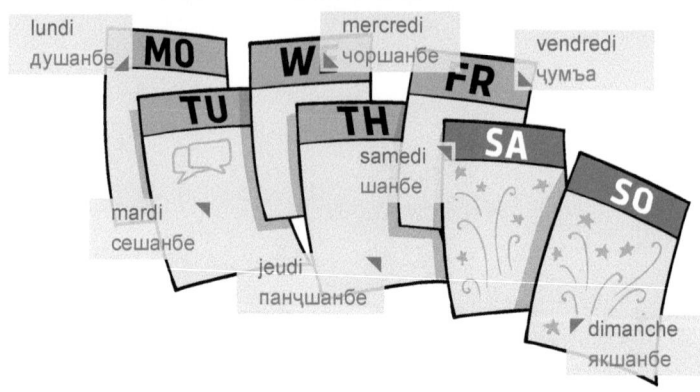

lundi / душанбе
mardi / сешанбе
mercredi / чоршанбе
jeudi / панҷшанбе
vendredi / ҷумъа
samedi / шанбе
dimanche / якшанбе

hier
дирӯз

aujourd'hui
имрӯз

demain
фардо

matin
пагоҳирӯзӣ

midi
нимрӯз

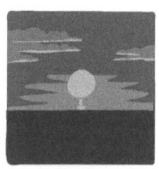

soir
шом

jours ouvrables
рӯзҳои корӣ

fin de semaine
истироҳат

année

сол

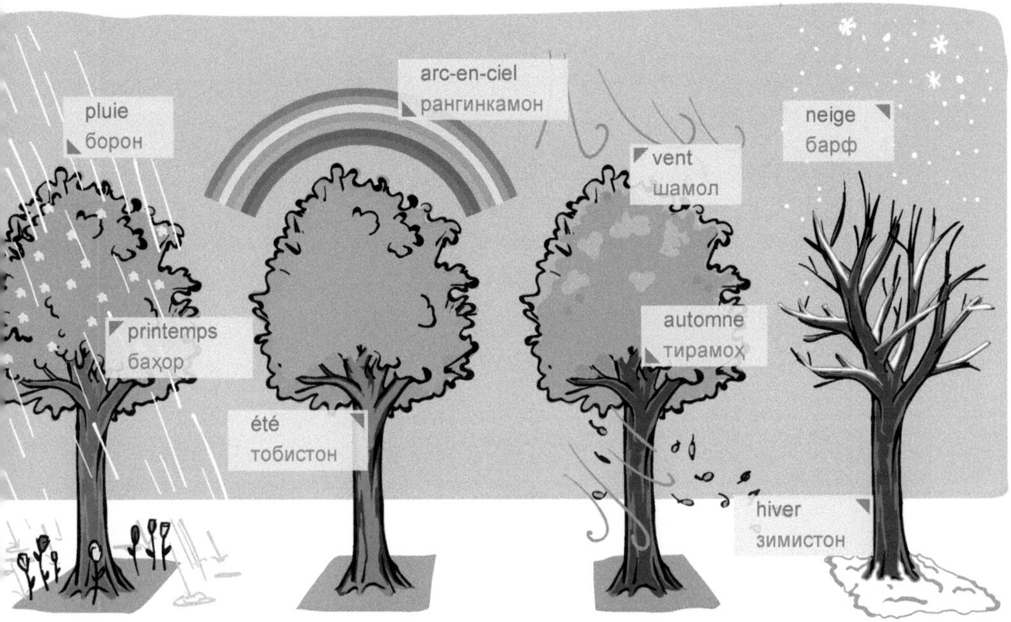

pluie
борон
arc-en-ciel
рангинкамон
neige
барф
vent
шамол
printemps
баҳор
automne
тирамоҳ
été
тобистон
hiver
зимистон

4.APRIL 11°
5.APRIL 4°
6.APRIL 13°
7.APRIL 8°
8.APRIL 10°

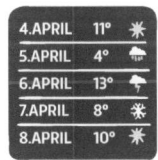

évisions météorologiques

Обу ҳаво

F
C
120
90
60
30
0
-30
40
30
20
10
0
-10
-20

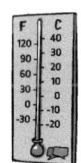

thermomètre

ҳароратсанҷ

rayons du soleil

равшании офтоб

nuage

абр

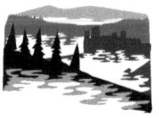

brouillard

туман

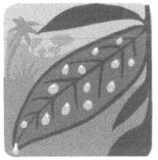

humidité

намнок

foudre
барқ

tonnerre
тундар

tempête
тӯфон

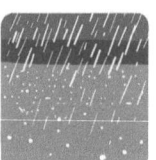

grêle
жола

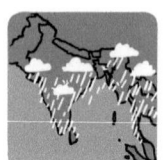

mousson
муссон

inondation
обхезӣ

glace
ях

janvier
январ

février
феврал

mars
март

avril
апрел

mai
май

juin
июн

juillet
июл

août
август

année - сол

septembre
сентябр

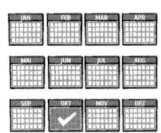
octobre
октябр

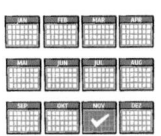
novembre
ноябр

décembre
декабр

formes
баст

cercle
давра

carré
мураббаъ

rectangle
росткунья

triangle
секунья

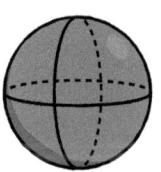
sphère
соњаи

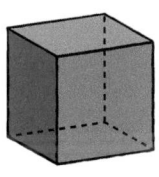
cube
мукааб

couleurs
рангҳо

blanc
гулобӣ

jaune
хокистаранг

orange
зард

rose
бунафшранг

rouge
сурх

violet
қаҳваранг

bleu
кабуд

vert
сиёҳ

marron
кабуд

gris
сафед

noir
сабз

opposés
мухолифат

beaucoup / un peu

бисёр/кам

en colère / calme

хашмгин / ором

beau / laid

зебо/безеб

début / fin

оғози / охири

grand / petit

калон/хурд

lumineux / sombre

дурахшон / торик

frère / sœur

бародари / хоҳар

propre / sale

тоза/чиркин

complet / incomplet

пурра / нопурра

jour / nuit

рӯзи / шаб

mort / vivant

мурдагон / зинда

large / étroit

кушод/танг

comestible / non comestible

хӯрданӣ /
хӯрданашаванда

méchant / gentil

бад/нек

être enthousiaste /
s'ennuyer

ба ҳаяҷон / дилгир

gros / mince

ғавс/борик

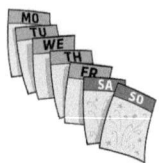

premier / dernier

якум/охирин

ami / ennemi

Дӯсти / душмани

plein / vide

пур/холӣ

dur / mou

сахт/мулоим

lourd / léger

вазнин/сабук

faim / soif

гуруснагӣ / ташнагӣ

malade / en bonne santé

бемор/солим

illégal / légal

ғайриқонунӣ / ҳуқуқӣ

intelligent / stupide

соҳибақл / беақл

gauche / droite

рост/чап

proche / loin

наздик/дур

opposés - мухолифат

neuf / usagé

нави / истифода бурда мешавад

rien / quelque chose

ҳеҷ / чизе

vieux / jeune

пир/ҷавон

marche / arrêt

оид / хомӯш

ouvert / fermé

кушода/пӯшида

calme / bruyant

паст/баланд

riche / pauvre

бой/камбағал

correct / incorrect

дуруст/нодуруст

rugueux / lisse

дурушт/ҳамвор

triste / heureux

ғамгин/хушбахт

court / long

кӯтоҳ/дароз

lent / rapide

оҳиста/тез

mouillé / sec

тар/хушк

chaud / froid

гарм / сард

guerre / paix

ҷанг / сулҳ

opposés - мухолифат

nombres
ададхо

0 zéro — нол

1 un — як

2 deux — ду

3 trois — се

4 quatre — чор

5 cinq — панҷ

6 six — шаш

7 sept — ҳафт

8 huit — ҳашт

9 neuf — нӯҳ

10 dix — даҳ

11 onze — ёздаҳ

12 douze
дувоздаҳ

13 treize
сенздаҳ

14 quatorze
чордаҳ

15 quinze
понздаҳ

16 seize
шонздаҳ

17 dix-sept
ҳабдаҳ

18 dix-huit
ҳаждаҳ

19 dix-neuf
нуздаҳ

20 vingt
бист

100 cent
сад

1.000 mille
ҳазор

1.000.000 million
миллион

langues
забонҳо

anglais

англисӣ

anglais américain

англисии амрикой

chinois mandarin

мандарини хитой

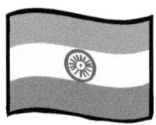

hindi

ҳиндӣ

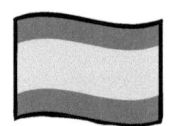

espagnol

испанӣ

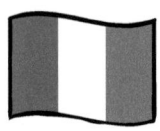

français

фаронсавӣ

arabe

арабӣ

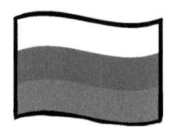

russe

русӣ

portugais

португалӣ

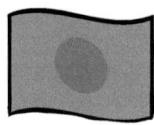

bengali

бенгалӣ

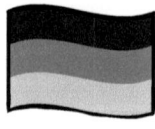

allemand

олмонӣ

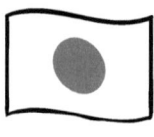

japonais

ҷопонӣ

qui / quoi / comment
ки / чиро / тавр

je
———
ман

tu
———
шумо

il / elle / ce, c', cela
———
Ӯ / вай / он

nous
———
мо

vous
———
шумо

ils / elles
———
онҳо

qui ?
———
ки?

quoi ?
———
чӣ?

comment ?
———
Чӣ хел?

où ?
———
дар кучо?

quand ?
———
кай?

nom
———
ном

où
дар кучо

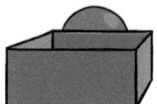

derrière
аз паси

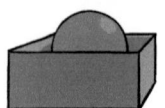

dans
дар

devant
дар пеши

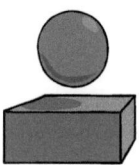

au-dessus
дар болои

sur
дар рӯи

en dessous
дар зери

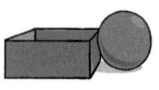

à côté de
дар назди

entre
миёни

endroit
ҷой